BEI GRIN MACHT SICH IHR WISSEN BEZAHLT

- Wir veröffentlichen Ihre Hausarbeit,
  Bachelor- und Masterarbeit

- Ihr eigenes eBook und Buch -
  weltweit in allen wichtigen Shops

- Verdienen Sie an jedem Verkauf

Jetzt bei www.GRIN.com hochladen
und kostenlos publizieren

Geschäftsprozessmodellierung. Die eEPK- und BPMN-Methode

Mit beispielhafter Modellierung des Order-to-Cash Prozesses

Bibliografische Information der Deutschen Nationalbibliothek:

Die Deutsche Nationalbibliothek verzeichnet diese Publikation in der
Deutschen Nationalbibliografie; detaillierte bibliografische Daten sind
im Internet über http://dnb.d-nb.de abrufbar.

ISBN: 9783389006177
Dieses Buch ist auch als E-Book erhältlich.

© GRIN Publishing GmbH
Trappentreustraße 1
80339 München

Druck und Bindung: Books on Demand GmbH, Norderstedt Germany
Gedruckt auf säurefreiem Papier aus verantwortungsvollen Quellen

Das Buch bei GRIN: https://www.grin.com/document/1461487

Hausarbeit

Alternative B – Die eEPK- und BPMN-Methode zur Prozessmodellierung

SRH Fernhochschule

Modul:
Geschäftsprozessmanagement

Studiengang:
Wirtschaftsinformatik B.Sc.

Inhaltsverzeichnis

Abkürzungsverzeichnis

ARIS	Architektur Integrierter Informationssysteme
BPM	Business Process Management
BPMI	Business Process Management Initiative
BPMN	Business Process Model and Notation
eEPK	erweiterte Ereignisgesteuerte Prozesskette
EPK	Ereignisgesteuerte Prozesskette
ERP	Enterprise Resource Planning
GPM	Geschäftsprozessmanagement
ISO	Internationale Organisation für Normung
IT	Informationstechnik
OMG	Object Management Group

4

Abbildungsverzeichnis

5

Anlagenverzeichnis

6

1 Einleitung

Geschäftsprozessmanagement (GPM), im internationalen Sprachgebrauch als Business Process Management (BPM) bezeichnet, ist ein „strukturierter Ansatz zur Modellierung, Analyse, Ausführung, Messung und kontinuierlichen Anpassung von Geschäftsprozessen." (Müller, Schröder & Thienen, 2021, S. 27). Geschäftsprozesse stellen in diesem Zusammenhang zielgerichtete Abläufe zur Erfüllung einer betrieblichen Aufgabe dar. Sie bilden somit die Basis für die Wertschöpfung eines Unternehmens (Leimeister, 2021, S. 212). Um diese einerseits formal zu beschreiben und zu dokumentieren sowie andererseits das Verständnis für die Prozesse zu verbessern, werden diese grafisch modelliert (Dumas, La Rosa, Mendling & Reijers, 2021, S. 20; Schmelzer & Sesselmann, 2020, S. 16). Dies erfolgt mit Hilfe von Modellierungssprachen wie der Ereignisgesteuerten Prozesskette (EPK) bzw. deren Erweiterung, der erweiterten Ereignisgesteuerten Prozesskette (eEPK), oder der Business Process Model and Notation (BPMN) (Bächle, Daurer & Kolb, 2021, S. 64).

1.1 Einführung in das Geschäftsprozessmanagement

Vereinfacht ausgedrückt dient das GPM „der Leitung und Lenkung aller Prozesse in einem Unternehmen" (Schwarz, Neumann & Teich, 2018, S. 21). Im Detail beinhaltet es sämtliche Methoden zur Identifikation, Erhebung, Analyse, Verbesserung, Ausführung und Überwachung von Geschäftsprozessen, die dazu beitragen, deren Leistung zu optimieren (Dumas et al., 2021, S. 7). Ein Geschäftsprozess wird dabei als die zeitliche und zugleich sachlogische Abfolge von Aktivitäten zur Erfüllung einer betrieblichen Aufgabe definiert, die dahingehend zu einem Ergebnis führt, als dass eine Leistung in Form der Bereitstellung von Produkten oder Dienstleistungen erbracht wird, die für den Kunden einen Mehrwert darstellt (Allweyer, 2005, S. 47; Dumas et al., 2021, S. 7). Derartige Prozesse, die durch einen Kundenbedarf ausgelöst werden und mit der Erfüllung eines Kundenbedürfnisses enden, bezeichnet man als End-to-End Prozesse. Kunden können dabei sowohl unternehmensinterne Auftraggeber sein als auch unternehmensexterne Kunden (Gadatsch, 2020, S. 15; Leimeister, 2021, S. 212; Schmelzer & Sesselmann, 2020, S. 65). Durch die Optimierung der Geschäftsprozesse soll als übergeordnetes Ziel des GPM die Effektivität und Effizienz des Unternehmens erhöht und so dessen Wettbewerbsfähigkeit dauerhaft gesichert werden (Schmelzer & Sesselmann, 2020, S. 59).

Um dieses Ziel zu erreichen, gliedert sich das GPM in einzelne Phasen, die sich an dem in Abbildung 1 dargestellten Lebenszyklus von Geschäftsprozessen orientieren (Dumas et al., 2021, S. 18; Schmelzer & Sesselmann, 2020, S. 17).

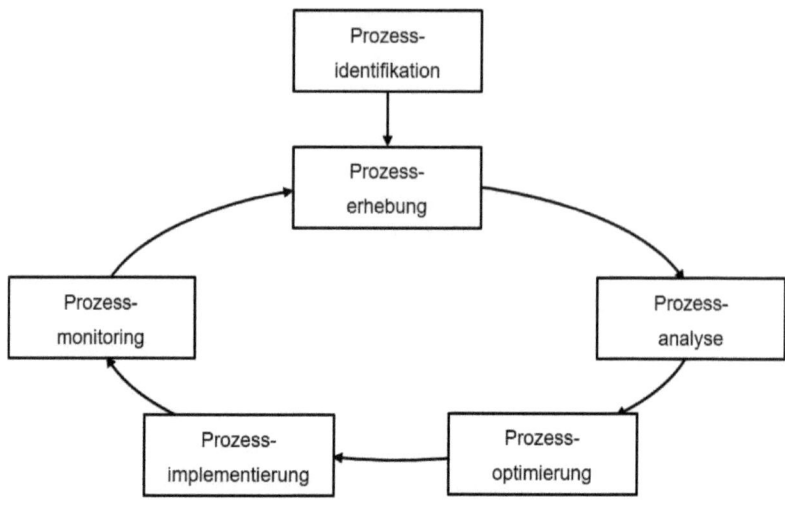

Abbildung 1: GPM-Lebenszyklus.
(Quelle: Eigene Darstellung in Anlehnung an Dumas et al., 2021, S. 26)

Den Startpunkt stellt dabei die Prozessidentifikation dar, im Zuge derer diejenigen Geschäftsprozesse identifiziert werden, die für die Erfüllung der Kundenbedürfnisse auf der einen und die Erreichung der Unternehmensziele auf der anderen Seite benötigt werden (Schmelzer & Sesselmann, 2020, S. 212). Der eigentliche GPM-Lebenszyklus beginnt dann mit der Prozesserhebung, bei der der aktuelle Status der zuvor identifizierten Prozesse in Form sogenannter Ist-Prozessmodelle dokumentiert wird. Anschließend werden die Prozesse hinsichtlich möglicher Schwachstellen analysiert und entsprechend optimiert (Dumas et al., 2021, S. 25–26). Geschäftsprozesse bzw. Teilprozesse, die keinen Beitrag zur Wertschöpfung liefern, werden im Zuge dessen eliminiert (Schmelzer & Sesselmann, 2020, S. 223). Das Ergebnis der Prozessoptimierung sind sogenannte Soll-Prozessmodelle, d.h. im Vergleich zu den im Rahmen der Prozesserhebung erstellten Ist-Prozessmodelle optimierte Modelle. Diese dienen der formalen Beschreibung der verbesserten bzw. neu gestalteten Geschäftsprozesse (Dumas et al., 2021, S. 26; Gadatsch, 2020, S. 26). Die Soll-Geschäftsprozessmodelle bilden darüber hinaus die Grundlage für die Prozessimplementierung, im Zuge derer die optimierten Prozesse im Unternehmen etabliert werden (Schwarz et al., 2018, S. 36). Durch kontinuierliches Monitoring werden die Geschäftsprozesse schließlich anhand definierter Kennzahlen hinsichtlich ihrer Zielerreichung überwacht und bei Bedarf erneut optimiert (Gadatsch, 2020, S. 25–27; Schmelzer & Sesselmann, 2020, S. 16).

Ein zentraler Bestandteil des GPM ist folglich die Erstellung von Prozessmodellen, d.h. die Modellierung von Geschäftsprozessen. Das durch die Aufgliederung des Prozesses in seine einzelnen Prozessschritte erlangte Verständnis ist wiederum Voraussetzung für die Prozessanalyse, -optimierung und -implementierung (Dumas et al., 2021, S. 85).

1.2 Zielsetzung und Aufbau

Für die Geschäftsprozessmodellierung werden sogenannte Modellierungssprachen benötigt, um eine einheitliche Darstellung des Prozessablaufs gewährleisten zu können. Die in diesem Zusammenhang am häufigsten genutzten Methoden sind die EPK bzw. eEPK sowie die BPMN (Bächle et al., 2021, S. 64). Ziel der vorliegenden Arbeit ist es, die beiden Methoden ausführlich zu erläutern und voneinander abzugrenzen, um darauf aufbauend die beispielhafte Modellierung eines typischen Geschäftsprozesses, in diesem Fall den Order-to-Cash Prozess, zu beschreiben.

Hierzu erfolgt zunächst eine Einführung in die Grundlagen der Geschäftsprozessmodellierung, bevor darauf aufbauend detailliert auf die Modellierungssprachen eEPK und BPMN eingegangen wird. Deren Darstellung umfasst neben Informationen zur Entstehung der jeweiligen Methode insbesondere eine umfassende Erläuterung der Notationselemente sowie der methodenspezifischen Modellierungsregeln. Zur Verdeutlichung der zentralen Unterschiede zwischen eEPK und BPMN folgt im Anschluss an deren Beschreibung eine Abgrenzung der beiden Modellierungssprachen. Daran schließt sich die Modellierung eines konkreten Prozesses, im vorliegenden Fall des Order-to-Cash Prozesses, an. Im Zuge dessen erfolgt in einem ersten Schritt die Beschreibung des Prozessablaufs, bevor in einem zweiten Schritt mit Hilfe einer ausgewählten Modellierungssprache ein beispielhaftes Prozessmodell erstellt wird. Abschließend wird die Betrachtung einer kritischen Reflexion unterzogen und ein Ausblick auf zukünftige Entwicklungen im Rahmen der Gestaltung von Geschäftsprozessen gegeben.

2 Grundlagen der Modellierung von Geschäftsprozessen

Wie bereits in der Einführung in das GPM (Kapitel 1.1) dargestellt, werden in mehreren Phasen des GPM-Lebenszyklus Modelle von Geschäftsprozessen erstellt (Dumas et al., 2021, S. 85). Die Prozessmodellierung dient dabei der „vollständige[n], formale[n], präzise[n] und konsistente[n] Beschreibung und Dokumentation der Geschäftsprozesse" (Schmelzer & Sesselmann, 2020, S. 16). Darüber hinaus trägt sie wesentlich zum besseren Verständnis des modellierten Prozesses sowie einer höheren Transparenz in Bezug auf die betrieblichen Abläufe bei (Dumas et al., 2021, S. 85; Schmelzer & Sesselmann,

2020, S. 645). Leimeister (2021, S. 211) bezeichnet die Modellierung von Geschäftsprozessen in diesem Zusammenhang als „Voraussetzung für die Organisationsgestaltung".

Grundsätzlich dienen Modelle dazu, „den Blick auf die komplexe Realität" zu vereinfachen (Gadatsch, 2020, S. 87). Da Geschäftsprozesse häufig sehr komplex sind, werden diese im Rahmen der Modellierung systematisch in einzelne Prozessschritte zerlegt. Diese spiegeln die Abfolge der zu erledigenden Tätigkeiten innerhalb des Prozesses wider (Gadatsch, 2020, S. 88, 90) Ein Geschäftsprozess besteht dabei immer aus mehreren Prozess- bzw. Arbeitsschritten und Aktivitäten. Bei Bedarf kann er zudem in mehrere Teilprozesse untergliedert werden (Schmelzer & Sesselmann, 2020, S. 226). Die grafische Darstellung der Prozesse als Modell kann so die Prozesskomplexität reduzieren (Gadatsch, 2020, S. 88–89). GPM erhebt dabei den Anspruch, möglichst alle Geschäftsprozesse umfassend zu modellieren und optimal mit Informationstechnik (IT) zu unterstützen (Müller et al., 2021, S. 16). Umgekehrt ist die Prozessmodellierung Voraussetzung für die IT-gestützte Ausführung von Geschäftsprozessen (Schmelzer & Sesselmann, 2020, S. 645). Der Schwerpunkt der Modellierung wie auch des GPM im Ganzen sollte dabei auf den Kernprozessen eines Unternehmens liegen, die einen besonders hohen Beitrag zur Wertschöpfung leisten (Gadatsch, 2020, S. 9).

Geschäftsprozesse bestehen zumeist aus einem Starterereignis, das den Prozess auslöst, den in zeitlich-logischer Reihenfolge abzuarbeitenden Aktivitäten bzw. Aufgaben sowie einem Endereignis, das das Ergebnis der Prozessausführung darstellt (Koschmider, 2021, S. 2). Hierfür werden im Rahmen der Prozessmodellierung je nach gewählter Modellierungsmethode verschiedene grafische Notationselemente genutzt, die mittels definierter Syntaxregeln miteinander verbunden werden (Schmelzer & Sesselmann, 2020, S. 646). Die Anwendung geeigneter Modellierungsmethoden ist dabei Voraussetzung für eine adäquate Analyse und Optimierung der Geschäftsprozesse (Leimeister, 2021, S. 210). Die in diesem Zusammenhang am weitesten verbreiteten Modellierungssprachen sind die EPK bzw. eEPK sowie die BPMN (Bächle et al., 2021, S. 64), die in den folgenden Kapiteln ausführlich erläutert werden.

3 Die eEPK-Methode zur Prozessmodellierung

Die eEPK ist eine vor allem im deutschsprachigen Raum weit verbreitete Methode zur Modellierung von Geschäftsprozessen (Gadatsch, 2020, S. 125). Es handelt sich hierbei um eine semiformale Modellierungssprache zur Erstellung fachlicher Prozessmodelle, die jedoch nicht standardisiert ist (Schmelzer & Sesselmann, 2020, S. 649). Ihr Fokus liegt „auf einer Darstellung der Prozesslogik unter Berücksichtigung von Beteiligten (Organisationseinheiten), Daten und Informationssystemen." (Gadatsch, 2020, S. 127).

Ein Geschäftsprozess kann in der EPK-Basisnotation bereits mit wenigen Grundelementen beschrieben werden (Gadatsch, 2020, S. 106), wobei dessen Ablauf grundsätzlich als alternierende Folge von Ereignissen und Funktionen dargestellt wird. Beginn und Ende des Prozesses werden dabei immer durch ein Ereignis markiert (Fleischmann, Oppl, Schmidt & Stary, 2018, S. 79). Um detailliertere Prozessmodelle erstellen zu können, erweitert die eEPK die zugrundeliegende EPK um zusätzliche Notationselemente (Gadatsch, 2020, S. 120–121). So kann diese auch für die Entwicklung komplexer und umfangreicher Informationssysteme genutzt werden (Gadatsch, 2020, S. 125). Dennoch ist die eEPK aufgrund ihrer wenigen Grundsymbole eine vergleichsweise schnell zu erlernende Modellierungssprache (Gadatsch, 2020, S. 127).

3.1 Entstehung und Geschichte

Die der eEPK zugrundeliegende EPK wurde 1992 von einer Arbeitsgruppe des Instituts für Wirtschaftsinformatik an der Universität des Saarlandes in Zusammenarbeit mit der SAP AG entwickelt und war vor allem in den deutschsprachigen Ländern lange Zeit die meist genutzte Methode für die Modellierung von Geschäftsprozessen. Die starke Verbreitung kann zum einen damit begründet werden, dass sie von der an der Entwicklung beteiligten SAP AG zur Dokumentation ihres Enterprise Resource Planning (ERP) Systems R/3 genutzt wurde und zum anderen, dass sie in die für die betriebliche Modellierung weit verbreitete Architektur Integrierter Informationssysteme (ARIS), einer Architektur für die Entwicklung und Beschreibung von Informationssystemen, aufgenommen wurde (Freund & Rücker, 2019, S. 105; Gadatsch, 2020, S. 102; Laue, 2021, S. 31). Das primäre Ziel der Entwicklung der Modellierungssprache bestand dabei zunächst darin, den zeitlich-logischen Ablauf eines Prozesses zu modellieren sowie eine „schon implementierte Software durch Modelle zu dokumentieren." (Laue, 2021, S. 31). Um weitere Informationen modellieren zu können, erweitert die eEPK den in einer EPK abgebildeten Geschäftsprozess um Informationen über dessen Ausführungskontext, d.h. die Organisations- und Datensicht (Fleischmann et al., 2018, S. 78).

3.2 Notationselemente

Zur Modellierung von Geschäftsprozessen werden sogenannte Notationselemente, d.h. Symbole zur grafischen Darstellung von Prozessen, genutzt (Schmelzer & Sesselmann, 2020, S. 646). In der EPK-Methode kann der Ablauf eines Geschäftsprozesses dabei bereits mit wenigen derartigen Notationselementen modelliert werden (Gadatsch, 2020, S. 106). Die zusätzlichen Elemente der eEPK dienen der Erweiterung des reinen Prozessablaufs um die ausführenden Organisationseinheiten sowie die prozessrelevanten Dokumente und Datenobjekte (Fleischmann et al., 2018, S. 78).

3.2.1 Grundelemente der EPK

Die Grundelemente der EPK umfassen, wie in Abbildung 2 dargestellt, Funktionen, Ereignisse, Konnektoren und Kontrollflüsse (Bächle et al., 2021, S. 65–66; Gadatsch, 2020, S. 106).

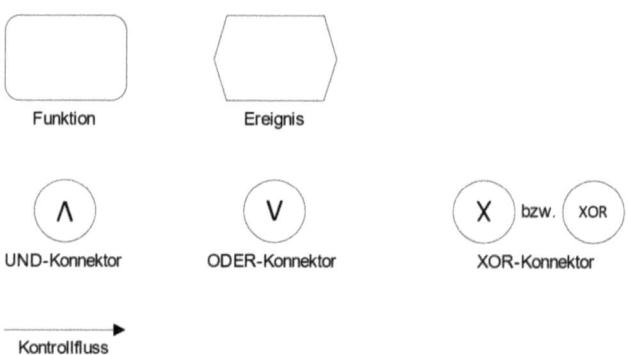

Abbildung 2:   Grundlegende Notationselemente der EPK.
(Quelle: Eigene Darstellung in Anlehnung an Bächle et al., 2021, S. 65; Fleischmann et al., 2018, S. 79)

Funktionen repräsentieren in diesem Zusammenhang sämtliche Tätigkeiten, die innerhalb eines Geschäftsprozesses ausgeführt werden (Bächle et al., 2021, S. 66). Da sie einen Vorgang beschreiben (Fleischmann et al., 2018, S. 79), verändern sie zum einen den Zustand von Objekten (Gadatsch, 2020, S. 106) und sind zum anderen in der Lage, Entscheidungen über den weiteren Prozessablauf zu treffen (Rosemann, Schwegmann & Delfmann, 2012, S. 67). Funktionen können deshalb auch als „Bearbeitung von Objekten im Geschäftsprozess" verstanden werden (Bächle et al., 2021, S. 66). Aus diesem Grund setzt sich die Bezeichnung einer Funktion stets aus einem Substantiv und einem Verb im Präsens, das die verrichtete Tätigkeit beschreibt, zusammen. Eine korrekt benannte Funktion wäre demnach z.B. *Bestellung bestätigen*. Ereignisse beschreiben im Gegensatz zu Funktionen immer einen Objektzustand (Gadatsch, 2020, S. 107) bzw. genauer ausgedrückt „ablaufrelevante Zustandsausprägungen" von Objekten (Rosemann et al., 2012, S. 67). Sie besitzen folglich keine Entscheidungskompetenz

(Gadatsch, 2020, S. 107). Dabei lösen sogenannte Start-Ereignisse einen Prozess aus, während Ende-Ereignisse den Abschluss eines Prozesses kennzeichnen (Fleischmann et al., 2018, S. 79). Die Bezeichnung eines Ereignisses setzt sich aus einem Substantiv und einem Verb im Perfekt, das den eingetretenen Zustand beschreibt, zusammen. *Bestellung bestätigt* wäre somit ein Beispiel für ein korrekt benanntes Ereignis (Gadatsch, 2020, S. 107–108).

Zur Darstellung von Ablaufentscheidungen innerhalb eines Geschäftsprozesses dienen in der EPK sogenannte Konnektoren bzw. Verknüpfungsoperatoren. Sie ermöglichen die zusätzliche Modellierung alternativer und paralleler Prozessabläufe (Bächle et al., 2021, S. 66). Zur Verfügung steht dabei der UND-, ODER- und XOR-Konnektor, wobei ersterer der Modellierung paralleler Abläufe und die beiden letztgenannten der Darstellung alternativer Abläufe im Prozessverlauf dienen. Diese unterscheiden sich wiederum dadurch, dass der ODER-Konnektor anzeigt, dass einer oder auch mehrere der nachfolgenden Pfade parallel durchlaufen werden, während der XOR-Konnektor einander ausschlie-ßende Alternativen im Prozessablauf beschreibt, weshalb er häufig auch als exklusives ODER bezeichnet wird (Fleischmann et al., 2018, S. 79–80). Sogenannte Kontrollflüsse dienen schließlich der Verbindung zwischen Funktionen, Ereignissen und Konnektoren (Bächle et al., 2021, S. 66). Es handelt sich dabei um „gerichtete Kanten" (Bächle et al., 2021, S. 66), die in Form von Pfeilen im Prozessmodell repräsentiert werden (Fleischmann et al., 2018, S. 51).

3.2.2 Zusatzelemente der eEPK

Mit Hilfe der eEPK kann im Gegensatz zur einfachen EPK zusätzlich dargestellt werden, „wer eine Funktion mit welcher IT-Unterstützung ausführt und welche Daten dabei manipuliert werden." (Fleischmann et al., 2018, S. 51). Hierzu stehen in der eEPK zusätzliche Notationselemente wie organisatorische Einheiten, Informationsobjekte und Anwendungssysteme zur Verfügung (Fleischmann et al., 2018, S. 51). Abbildung 3 zeigt die gängigsten Zusatzelemente der eEPK.

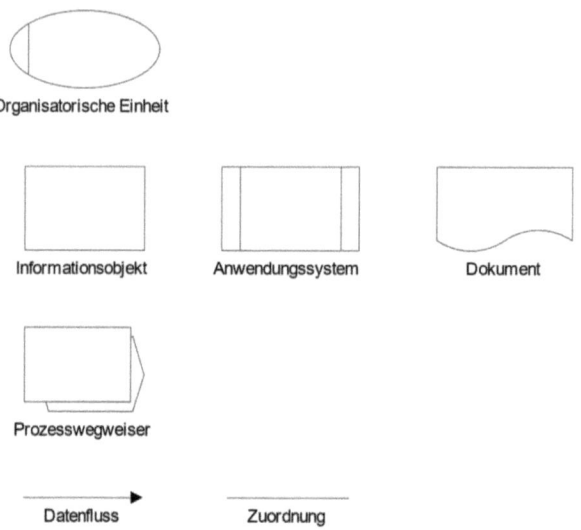

Organisatorische Einheit

Informationsobjekt   Anwendungssystem   Dokument

Prozesswegweiser

Datenfluss   Zuordnung

Abbildung 3: Zusätzliche Notationselemente der eEPK.
(Quelle: Eigene Darstellung in Anlehnung an Bächle et al., 2021, S. 65; Fleischmann et al., 2018, S. 84)

Organisatorische Einheiten dienen in der eEPK zur Abbildung von Verantwortlichkeiten
(Fleischmann et al., 2018, S. 83). Sie zeigen an, „wem Aufgabe, Kompetenz und Verant-
wortung der Funktionsdurchführung obliegen." (Rosemann et al., 2012, S. 70) und erlauben so die „Zuordnung von Einheiten der Aufbauorganisation zu den Funktionen des
EPK-Modells." (Bächle et al., 2021, S. 66). Die einer Funktion zugeordnete organisatorische Einheit ist demnach für deren Ausführung verantwortlich (Bächle et al., 2021,
S. 66). Informationsobjekte dienen dagegen der Darstellung der Datenverarbeitung innerhalb eines Geschäftsprozesses (Fleischmann et al., 2018, S. 85). Hierbei wird zwischen Daten, die eine bestimmte Funktion zu deren Ausführung benötigt, und Daten, die
von einer bestimmten Funktion als deren Ergebnis erzeugt werden, unterschieden
(Bächle et al., 2021, S. 66; Fleischmann et al., 2018, S. 85). Durch die Ergänzung des
Anwendungssystems wird angezeigt, dass „bei der Ausführung einer Funktion ein be-
stimmtes IT-System einzusetzen" ist (Fleischmann et al., 2018, S. 84). Dies kann z.B.
eine Datenbank oder auch ein ERP-System sein, das der IT-Unterstützung eines Geschäftsprozesses dient (Fleischmann et al., 2018, S. 84; Gadatsch, 2020, S. 121).
Darüber hinaus erlaubt die eEPK die Zuordnung von Dokumenten, d.h. Schriftstücken,
die von einer bestimmten Funktion verarbeitet oder erzeugt werden. Bei sehr komplexen
Prozessmodellen bietet sich zudem die Zerlegung eines Geschäftsprozess in mehrere

Teilprozesse an. Zur Komplexitätsreduktion stellt die eEPK deshalb sogenannte Prozesswegweiser bereit, die einen Verweis auf separat modellierte Teilprozesse erlauben (Bächle et al., 2021, S. 66). Schließlich gibt es die Zuordnung, die als ungerichtete Linie die Verbindung einer Funktion mit der dazugehörigen organisatorischen Einheit bzw. dem betreffenden Anwendungssystem darstellt, sowie den Datenfluss, der in Form eines Pfeils ein Informationsobjekt bzw. Dokument mit einer Funktion verbindet (Fleischmann et al., 2018, S. 84–85).

3.3 Modellierungsregeln

Für die Modellierung von Geschäftsprozessen sind neben den einzelnen Symbolen bzw. Notationselementen bestimmte Syntaxregeln erforderlich, die die Regeln für die Modellierung festlegen (Schmelzer & Sesselmann, 2020, S. 646). Grundsätzlich wechseln sich Funktionen und Ereignisse in der EPK bzw. eEPK immer ab, wobei ein modellierter Geschäftsprozess stets mit einem Ereignis beginnt und endet (Fleischmann et al., 2018, S. 79). Ausnahmen hiervon gibt es vor allem aus praktischen Gründen. So können mitunter auch Funktionen auf Funktionen folgen, wenn das dazwischenstehende Ereignis trivialer Art ist und dessen Integration das Prozessmodell lediglich unnötig komplex machen würde (Bächle et al., 2021, S. 67; Rosemann et al., 2012, S. 69). Gleichzeitig können in Ausnahmefällen auch Ereignisse direkt hintereinander modelliert werden, sofern dies zu mehr Klarheit führt oder aus organisatorischen Gründen sinnvoll erscheint (Gadatsch, 2020, S. 113). Funktionen und Ereignisse besitzen dabei mit Ausnahme von Start- und Ende-Ereignissen jeweils genau eine ein- und eine ausgehende Kante als Kontrollfluss. Im Falle alternativer oder paralleler Prozesspfade müssen folglich Konnektoren zwischengeschaltet werden, die dann mitunter mehrere ein- bzw. ausgehende Kanten besitzen (Fleischmann et al., 2018, S. 51). Dabei ist darauf zu achten, dass nach einem Ereignis ausschließlich ein UND-Konnektor modelliert werden darf, da Ereignisse wie in Kapitel 3.2.1 dargestellt, keine Entscheidungskompetenz besitzen. ODER- und XOR-Konnektoren dürfen demnach nur nach Funktionen verwendet werden (Bächle et al., 2021, S. 68). Sollen durch Konnektoren modellierte Verzweigungen im Prozessmodell wieder zusammengeführt werden, erfolgt dies grundsätzlich durch den gleichen Konnektor, der für die Verzweigung eingesetzt wurde (Gadatsch, 2020, S. 118).

Die zusätzlichen Notationselemente der eEPK, d.h. organisatorische Einheiten, Informationsobjekte, Anwendungssysteme und Dokumente, können ausschließlich Funktionen, nicht aber Ereignissen zugeordnet werden (Fleischmann et al., 2018, S. 83). Dabei erfolgt die Zuordnung von organisatorischen Einheiten und Anwendungssystemen über ungerichtete Linien bzw. Kanten als einfache Zuordnung, während Informationsobjekte und Dokumente über gerichtete Linien in Form von ein- oder ausgehenden Datenflüssen der entsprechenden Funktion zugeordnet werden (Bächle et al., 2021, S. 70; Fleischmann et al., 2018, S. 84–85). Prozesswegweiser nehmen als Verweis auf getrennt modellierte Teilprozesse eine Sonderstellung ein. Sie werden im Prozessmodell anstelle einer Funktion eingesetzt, über die die Verbindung zu dem ausgelagerten Teilprozess hergestellt wird (Bächle et al., 2021, S. 66; Rosemann et al., 2012, S. 69). Grundsätzlich gilt, dass in der EPK bzw. eEPK kein Objekt ohne Kante im Modell stehen darf. Es muss folglich immer ein Verbindungselement vorhanden sein, sei es als Kontroll- bzw. Datenfluss in Form gerichteter Kanten oder als Zuordnung in Form einer ungerichteten Kante (Gadatsch, 2020, S. 118, 123).

4 Die BPMN-Methode zur Prozessmodellierung

Die BPMN hat sich inzwischen zur meist genutzten Methode zur Modellierung von Geschäftsprozessen entwickelt (Fleischmann et al., 2018, S. 73). Insbesondere in der industriellen Praxis gilt sie deshalb als Standard (Fleischmann et al., 2018, S. 113). Es handelt sich dabei um eine formale Modellierungssprache, die sowohl die Erstellung fachlicher als auch technischer Prozessmodelle erlaubt (Schmelzer & Sesselmann, 2020, S. 648) und von der Internationalen Organisation für Normung (ISO) weltweit normiert und damit standardisiert ist (Gadatsch, 2020, S. 127). Der große Vorteil der BPMN besteht in diesem Zusammenhang darin, dass sie neben der Prozessdokumentation auch unmittelbar zur IT-gestützten Ausführung von Geschäftsprozessen geeignet ist (Fleischmann et al., 2018, S. 113). Dadurch stellt sie eine direkte Verbindung von der Geschäftsprozessmodellierung zur -implementierung her (Leimeister, 2021, S. 215). Im Mittelpunkt steht dabei die Abbildung der zeitlich-logischen Abfolge von Aufgaben innerhalb eines Geschäftsprozesses sowie deren Strukturierung hinsichtlich ihrer organisationalen Verantwortlichkeiten. Demgegenüber ist die Integration von Daten in das Prozessmodell „nur ansatzweise und im Kontext von Prozessabläufen vorgesehen." (Fleischmann et al., 2018, S. 93).

Bei der Geschäftsprozessmodellierung mittels BPMN werden Beginn und Ende eines jeden Prozesses durch ein Ereignis gekennzeichnet, während dazwischen eine Abfolge von Aktivitäten steht. Zusätzlich werden über sogenannte Pools und Lanes die Verantwortlichkeiten in Bezug auf die modellierten Geschäftsprozesse dargestellt (Fleischmann et al., 2018, S. 93). Die BPMN stellt dabei eine Vielzahl an Notationselementen bereit, die einerseits die umfassende Modellierung sowohl in fachlicher als auch technischer Hinsicht ermöglicht, die Sprache aber andererseits, zumindest bei Nutzung der vollständigen Notation mit über 100 Elementen, sehr komplex macht. Aufgrund der hohen Komplexität gestaltet sich die Einarbeitung dementsprechend aufwendig und zeitintensiv (Gadatsch, 2020, S. 140).

4.1 Entstehung und Geschichte

Die BPMN wurde 2002 bei IBM entwickelt und anschließend von der Business Process Management Initiative (BPMI) veröffentlicht. Nachdem die BPMI 2005 mit der Object Management Group (OMG) fusionierte, veröffentlichte die OMG 2010 den neuen Standard BPMN 2.0 (Fleischmann et al., 2018, S. 92–93). Seit 2013 ist die BPMN zudem offizieller ISO-Standard, veröffentlicht unter ISO/IEC 19510:2013. Ziel der Entwicklung war dabei von Beginn an die Bereitstellung einer Modellierungssprache zur grafischen Prozessdarstellung, die auch für die Prozessautomatisierung verwendet werden kann (Freund & Rücker, 2019, S. 7–8). Sie sollte demnach sowohl von Prozessanalysten für den Entwurf und die grafische Darstellung von Geschäftsprozessen genutzt werden können als auch für technische Entwickler zur Implementierung bzw. Ausführung der Prozesse geeignet sein (International Organization for Standardization, 2013; Pufahl, 2021, S. 49). Im Zuge der Entwicklung der Version 2.0 wurde die BPMN hinsichtlich ihres Sprachumfangs nochmals deutlich erweitert (Gadatsch, 2020, S. 127). Die Verbreitung der BPMN hat dabei insbesondere seit der Veröffentlichung der Version 2.0 stark zugenommen, sodass diese heute der meist eingesetzte Standard für die Modellierung von Geschäftsprozessen ist (Fleischmann et al., 2018, S. 73; Gadatsch, 2020, S. 127). Dies liegt neben ihrer weltweiten Standardisierung (Gadatsch, 2020, S. 127) auch an der Möglichkeit, über die Prozessmodellierung im Sinne der Dokumentation von Geschäftsprozessen hinausgehende Modelle zu erstellen, die zusätzlich unmittelbar zur automatisierten Ausführung durch IT-Systeme geeignet sind (Fleischmann et al., 2018, S. 92–93). Im Zuge dessen setzen inzwischen auch zahlreiche Anbieter von ERP-Systemen vermehrt auf BPMN 2.0 (Freund & Rücker, 2019, S. XVII).

4.2 Notationselemente

Notationen erlauben „eine formale, einheitliche, vollständige, präzise, konsistente und gut verständliche Beschreibung und Darstellung von Geschäftsprozessen" (Schmelzer & Sesselmann, 2020, S. 246). Die BPMN stellt dabei eine Vielzahl an Notationselementen, d.h. Symbolen zur Geschäftsprozessmodellierung bereit, von denen jedoch häufig nicht alle genutzt werden, sondern eine unternehmensspezifische Auswahl erfolgt (Gadatsch, 2020, S. 128, 140). Abbildung 4 zeigt einen Überblick über die grundlegenden Notationselemente der BPMN, wobei die Flusselemente bestehend aus Aktivitäten,

Ereignissen und Gateways gewissermaßen die Basisnotation darstellen (Pufahl, 2021, S. 50).

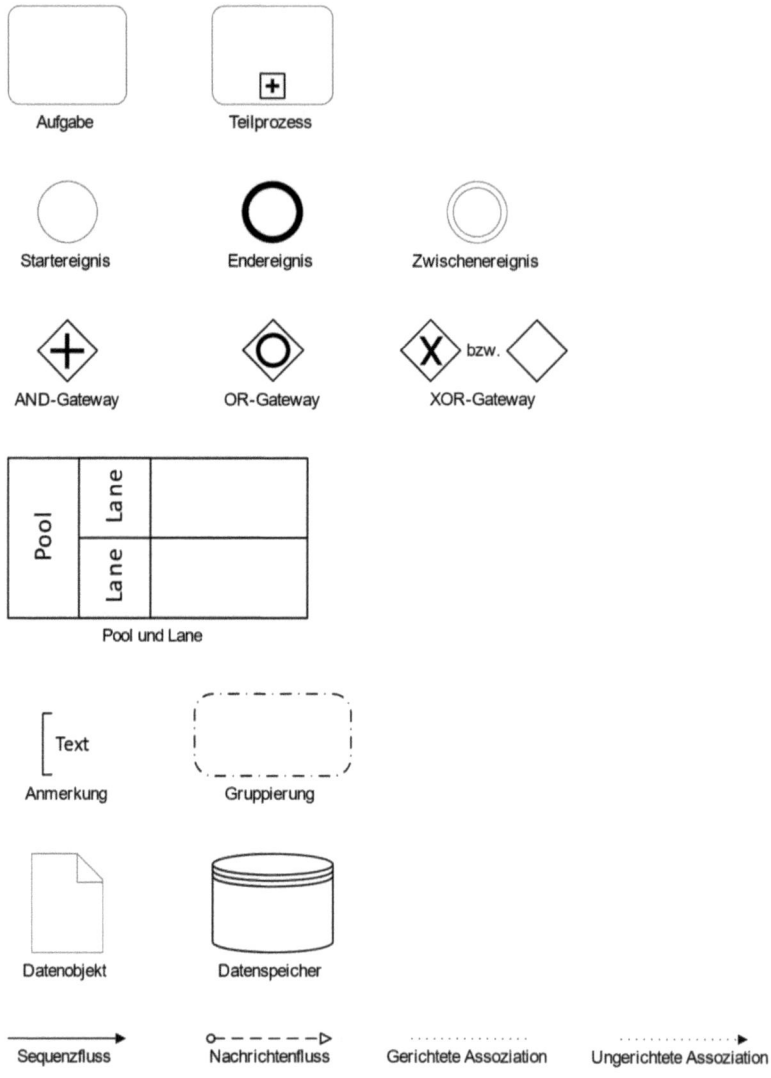

Abbildung 4:   Grundlegende Notationselemente der BPMN.
(Quelle: Eigene Darstellung in Anlehnung an Bächle et al., 2021, S. 72; Fleischmann et al., 2018, S. 93; Freund & Rücker, 2019, S. 29)

Kernelement der BPMN ist die Aktivität, wobei zwischen Aufgaben und Teilprozessen unterschieden wird. Aktivitäten repräsentieren in diesem Zusammenhang die Summe aller Arbeitsschritte, die im Prozessablauf abzuarbeiten sind. Sie werden mit einem Substantiv und einem Verb im Präsens wie z.B. *Bestellung aufgeben* bezeichnet. Eine Aufgabe stellt dabei eine nicht teilbare, d.h. atomare Aktivität dar, während sich Teilprozesse aus mehreren Teil-Aktivitäten zusammensetzen. Letztere dienen in erster Linie der Reduktion der Komplexität von Prozessmodellen (Pufahl, 2021, S. 52). Ereignisse zeigen im Gegensatz zu Aktivitäten an, dass innerhalb des modellierten Geschäftsprozesses „Dinge passieren" (Fleischmann et al., 2018, S. 93). Im Zentrum stehen dabei Starterereignisse, die den Prozess auslösen, und Endereignisse, die den Status am Ende des Prozesses kennzeichnen. Zusätzlich können im Prozessverlauf weitere Zwischenereignisse modelliert werden, um z.B. wichtige Meilensteine zu markieren (Freund & Rücker, 2019, S. 33). Da sich Ereignisse stets „auf etwas, was bereits passiert ist", beziehen (Freund & Rücker, 2019, S. 33), setzt sich deren Bezeichnung üblicherweise aus einem Substantiv und einem Verb im Perfekt wie z.B. *Bestellung aufgegeben* zusammen (Pufahl, 2021, S. 56).

Zur Darstellung von Verzweigungen innerhalb des Prozessablaufs dienen in der BPMN sogenannte Gateways. Diese kennzeichnen die Bedingungen, unter denen bestimmte Aufgaben innerhalb eines Geschäftsprozesses zu erledigen sind (Fleischmann et al., 2018, S. 93). Das parallele oder AND-Gateway dient dabei der Modellierung parallel verlaufender Prozesspfade, die unabhängig voneinander fortgesetzt werden, während das inklusive oder OR-Gateway und das exklusive oder XOR-Gateway zur Darstellung alternativer Prozessabläufe genutzt werden. Diese unterscheiden sich dadurch, dass beim OR-Gateway einer oder mehrere Pfade unter der angeführten Bedingung weiterverfolgt werden können, beim XOR-Gateway dagegen für jeden Pfad eine eigene Bedingung definiert werden muss, die sich zudem gegenseitig ausschließen müssen (Fleischmann et al., 2018, S. 94). Die Verbindung von Aktivitäten, Ereignissen und Gateways erfolgt in der BPMN über sogenannte Sequenzflüsse. In Form von Pfeilen stellen diese dar, in welcher zeitlich-logischen Reihenfolge die Flusselemente innerhalb des Prozessablaufs zueinander stehen (Fleischmann et al., 2018, S. 93; Pufahl, 2021, S. 50).

Der Einsatz von Sequenzflüssen ist jedoch nur innerhalb eines Pools bzw. einer Lane möglich. Pools und Lanes stellen in diesem Zusammenhang Konstrukte dar, mit deren Hilfe die organisationalen Verantwortlichkeiten in Geschäftsprozessen dargestellt werden können (Fleischmann et al., 2018, S. 93). Ein Pool beinhaltet dabei genau einen Prozess inklusive der Angabe der für diesen Prozess verantwortlichen Organisationseinheit. Demgegenüber definieren Lanes die Verantwortlichkeiten für die einzelnen Aktivitäten. Folglich können Pools durch Lanes weiter unterteilt werden (Pufahl, 2021, S. 62). Ist eine Verbindung von Flusselementen über Pool-Grenzen hinweg erforderlich, so erfolgt dies über sogenannte Nachrichtenflüsse in Form von gestrichelten Pfeilen (Fleischmann et al., 2018, S. 93, 100).

Artefakte zählen zu den erweiterten Notationselementen der BPMN. Diese ermöglichen die Integration zusätzlicher Informationen wie z.b. kommentierender Hinweise in Form von Anmerkungen zu einem Geschäftsprozess oder visuelle Zusammenfassungen von Elementen durch Gruppierungen. Sie können mit Hilfe von Assoziationen mit einem beliebigen Flusselement verbunden werden, haben jedoch keinen Einfluss auf dessen Ablauf (Freund & Rücker, 2019, S. 28, 104). Ebenso können Datenobjekte und Datenspeicher mittels gerichteter oder ungerichteter Assoziationen mit Flusselementen, meist jedoch Aktivitäten, oder auch Sequenzflüssen verbunden werden. Derartige Datenelemente dienen der Darstellung von Informationen, die im Prozessverlauf erzeugt, verarbeitet oder abgelegt werden. Datenobjekte können dabei sowohl Papierdokumente als auch elektronische Datensätze oder abstrakte Informationen sein, die z.B. für eine bestimmte Aufgabe als Input gebraucht oder als Output erzeugt werden. Aus diesem Grund gibt es zusätzlich spezielle Symbole für Dateninput und -output (Freund & Rücker, 2019, S. 29, 100-102). Datenspeicher dienen schließlich der Speicherung von Datenobjekten (Bächle et al., 2021, S. 73). Sie können dauerhaft von mehreren Prozessschritten genutzt werden (Gadatsch, 2020, S. 135). Darüber hinaus hält die BPMN eine Vielzahl weiterer Notationselemente wie z.B. spezielle Nachrichten- und Zeitereignisse (Freund & Rücker, 2019, S. 56, 58) oder Nachrichtenelemente zur Darstellung von Kommunikationsvorgängen bereit (Fleischmann et al., 2018, S. 102), auf die im Rahmen der vorliegenden Arbeit jedoch nicht näher eingegangen werden soll.

4.3 Modellierungsregeln

Wie bereits in Kapitel 3.3 im Zusammenhang mit der eEPK erläutert, erfolgt die Modellierung von Geschäftsprozessen anhand definierter Syntaxregeln (Schmelzer & Sesselmann, 2020, S. 646). Dabei beginnt ein mittels BPMN modellierter Geschäftsprozess stets mit einem Ereignis, worauf eine in zeitlich-logischer Hinsicht geordnete Abfolge von Aufgaben folgt, bevor der Prozess wiederum mit einem Ereignis endet. Wird ein Prozess in mehrere Teilprozesse zerlegt, kann anstelle der Aufgabe auch ein solcher Teilprozess stehen. Mitunter kann ein Prozess auch mit mehreren Startereignissen beginnen bzw. mit mehreren Endereignissen enden. Dabei ist jedoch darauf zu achten, dass von jedem Startereignis ein durchgängiger Sequenzfluss zu mindestens einem Endereignis führt

(Fleischmann et al., 2018, S. 93–94). Aufgaben bzw. Teilprozesse, aber auch Zwischenereignisse besitzen in diesem Zusammenhang immer eine ein- und eine ausgehende Kante als Sequenzfluss. Startereignisse weisen dagegen nur eine ausgehende und Endereignisse nur eine eingehende Kante auf. Für die Modellierung von Verzweigungen im Sinne paralleler oder alternativer Prozessabläufe müssen folglich Gateways zwischen den Aufgaben platziert werden. Diese können mehrere ein- und ausgehende Kanten in Form von Sequenzflüssen haben. Zusätzlich erlaubt die BPMN auch die Modellierung von direkt aufeinander folgenden Gateways. Die Verzweigungsbedingung wird dabei stets an den Sequenzflüssen angegeben (Bächle et al., 2021, S. 74). Zudem können verzweigte Prozesspfade ausschließlich mit dem gleichen Gateway wieder zusammengeführt werden, mit dem die Verzweigung modelliert wurde (Pufahl, 2021, S. 54).

Die Verbindung von Aktivitäten, Ereignissen und Gateways erfolgt wie bereits in Kapitel 4.2 erläutert, über sogenannte Sequenzflüsse, der Informationsaustausch über Pool-Grenzen hinweg dagegen über Nachrichtenflüsse (Fleischmann et al., 2018, S. 93). Dies hat den Hintergrund, dass ein Pool immer einen eigenständigen Geschäftsprozess darstellt. Da sich verschiedene Prozesse jedoch gegenseitig beeinflussen können, ermöglicht die BPMN den Austausch von Informationen über verschiedene Pools hinweg (Gadatsch, 2020, S. 130). Die Unterscheidung zwischen Sequenz- und Nachrichtenflüssen hat damit den Vorteil, dass sowohl zusammenhängende Prozesse in Form der zeitlich-logischen Abfolge zu erledigender Aufgaben als auch die Kommunikation über Organisationseinheiten, d.h. Pools, hinweg modelliert werden können (Gadatsch, 2020, S. 128). Bezüglich der Verwendung von Lanes gilt es zu beachten, dass ein Flussobjekt grundsätzlich nur innerhalb einer Lane positioniert werden und sich nicht über mehrere Lanes erstrecken darf (Freund & Rücker, 2019, S. 50).

Anmerkungen werden als „zusätzliche Informationen zur Erledigung von Aufgaben" (Freund & Rücker, 2019, S. 102) mittels ungerichteter Assoziationen mit Aufgaben oder Gruppierungen verbunden. Der Inhalt der Anmerkung kann dabei frei gewählt werden. Diesbezüglich gibt es keinerlei Vorgaben (Freund & Rücker, 2019, S. 102–103). Datenobjekte werden dagegen mittels gerichteter Assoziationen mit Flussobjekten verbunden, um „deren Schreib- oder Lesezugriffe auf die Datenobjekte darzustellen." (Pufahl, 2021, S. 63). Verläuft die gerichtete Assoziation zwischen zwei unmittelbar aufeinanderfolgenden Aufgaben, kann diese alternativ als ungerichtete Assoziation direkt mit dem betreffenden Sequenzfluss verbunden werden (Freund & Rücker, 2019, S. 101). Zusätzlich können Datenobjekte einen Status wie z.B. *geprüft* oder *abgelehnt* erhalten, der in eckigen Klammern unter deren Bezeichnung ergänzt wird (Freund & Rücker, 2019, S. 100). Dieser kann sich mitunter im Zuge der Prozessausführung ändern, sodass ein

Datenobjekt in verschiedenen Zuständen im Prozessmodell enthalten sein kann (Pufahl, 2021, S. 63). Datenspeicher werden zumeist über gerichtete Assoziationen mit Aktivitäten verbunden (Gadatsch, 2020, S. 135–136).

5 Abgrenzung von eEPK und BPMN

Die Modellierungsmethoden eEPK und BPMN verbindet die grundlegende Gemeinsamkeit, dass sie Geschäftsprozesse mittels Flussdiagrammen grafisch darstellen (Gadatsch, 2020, S. 147). Jedoch steht bei der eEPK der „Aktivitätsfluss im Zentrum der Betrachtung" (Fleischmann et al., 2018, S. 127), dem unter Einbezug der Organisations- und Datensicht zusätzlich Verantwortlichkeiten und Ressourcenbedarf zugeordnet werden (Fleischmann et al., 2018, S. 83). Demgegenüber konzentriert sich die BPMN zwar ebenfalls „auf den Sequenzfluss, also auf die Reihenfolge von Aufgaben, Gateways und Ereignissen" (Freund & Rücker, 2019, S. 100), misst aber den Verantwortlichkeiten für einzelne Aktivitäten und Prozesse in Form von Pools und Lanes sowie deren Kommunikation untereinander ebenfalls eine große Bedeutung bei (Fleischmann et al., 2018, S. 127). Daten werden hingegen nachrangig behandelt (Freund & Rücker, 2019, S. 100). Gemäß Gadatsch (2020, S. 133) kann auf die Modellierung von Daten gänzlich verzichtet werden, sofern „alle Daten, die im Pool benötigt werden, verfügbar sind".

Hinsichtlich der Verbreitung und Formalisierung bestehen wesentliche Unterschiede zwischen eEPK und BPMN. Während erstere vor allem in den deutschsprachigen Ländern weit verbreitet ist und keiner Standardisierung unterliegt, findet zweitere international große Verbreitung. Zusätzlich handelt es sich bei der BPMN um eine weltweit standardisierte Modellierungssprache mit eigenem ISO-Standard. Die Komplexität und der damit verbundene Einarbeitungsaufwand ist dagegen im Vergleich zur eEPK größer (Gadatsch, 2020, S. 148). Dennoch sind mittels BPMN modellierte Geschäftsprozesse auch für ungeübte Nutzer häufig leichter verständlich, da diese durch die Verwendung von Pools und Lanes sehr anschaulich dargestellt werden können (Gadatsch, 2020, S. 140). In der eEPK führt insbesondere die Notwendigkeit der Alternierung von Funktionen und Ereignissen schnell zu sehr komplexen und mitunter schwer verständlichen Prozessmodellen (Fleischmann et al., 2018, S. 86). Die BPMN nutzt zwar ebenfalls Ereignisse, setzt diese aber nur ein, „wenn tatsächlich auf einen externen Reiz (…) eingegangen" (Fleischmann et al., 2018, S. 87) bzw. ein Ereignis aufgrund seiner hohen Bedeutung besonders hervorgehoben werden soll (Freund & Rücker, 2019, S. 33). Außerdem erlaubt diese im Gegensatz zur eEPK die Modellierung spezieller Nachrichten- und Zeitereignisse sowie das „Anheften von Ereignissen" (Freund & Rücker, 2019, S. 105) zur Modellierung von „Überwachungsfunktionen, Fehlerbehandlungen und Eskalationen" (Freund & Rücker, 2019, S. 107).

Ein wesentlicher Vorteil der BPMN gegenüber der eEPK ist zusätzlich zur Möglichkeit, den Kommunikationsfluss zwischen verschiedenen Prozessen abbilden zu können (Fleischmann et al., 2018, S. 127), insbesondere die über die rein fachliche Modellierung hinausgehende technische Modellierung von Geschäftsprozessen (Gadatsch, 2020, S. 140). Dies ermöglicht die Erstellung von Prozessmodellen, die unmittelbar zur IT-gestützten Ausführung und damit auch für die Prozessautomatisierung geeignet sind (Freund & Rücker, 2019, S. 107; Leimeister, 2021, S. 215).

Gemeinsam ist der eEPK und der BPMN, dass sie aus einer Vielzahl grafischer Notationselemente bestehen (Bächle et al., 2021, S. 65, 72), wobei der Umfang der BPMN nochmals deutlich größer ist (Gadatsch, 2020, S. 140). Die Grundelemente sind sich dennoch sehr ähnlich. So finden sich die Funktionen, Ereignisse, Konnektoren und Kontrollflüsse der eEPK weitgehend analog in Form der Aufgaben, Ereignisse, Gateways und Sequenzflüsse in der BPMN wieder. Beide Modellierungssprachen erlauben darüber hinaus die Zuweisung von Verantwortlichkeiten und Daten, auch wenn es hier im Detail Unterschiede gibt (Bächle et al., 2021, S. 71–73). Ebenso unterscheidet sich die Darstellungsform der einzelnen Elemente zwischen den Methoden, was aus einem Vergleich der Abbildungen 2, 3 und 4 ersichtlich wird. Schließlich gilt es, in Abhängigkeit der gewählten Sprache die korrekte Modellierungsrichtung einzuhalten. Während die Modellierung in der eEPK von oben nach unten erfolgt, erfolgt die Darstellung von Prozessen in der BPMN von links nach rechts (Leopold, 2021, S. 78).

6   Modellierung des Order-to-Cash Prozesses

„Geschäftsprozesse sind die zur Erstellung von Produkten und Leistungen erforderlichen betrieblichen Abläufe." (Allweyer, 2005, S. 4, im Original teilweise hervorgehoben). Dabei zählt der Order-to-Cash Prozess, der als Bestellprozess sämtliche Prozessschritte vom Auftrag bzw. Bestelleingang bis zum Zahlungseingang abdeckt, sowie der Procure-to-Pay Prozess, der als Beschaffungsprozess sämtliche Prozessschritte von der Bestellung bis zur Bezahlung abdeckt, zu denjenigen Geschäftsprozessen, die in fast jedem Unternehmen existieren (Dumas et al., 2021, S. 2). Gleichzeitig gehören diese Prozesse zu den wichtigsten Geschäftsprozessen, die mittels betrieblicher Informationssysteme unterstützt (Hansen, Mendling & Neumann, 2019, S. 164) und darüber hinaus von den meisten ERP-Systemen vollständig abgedeckt werden (Dumas et al., 2021, S. 401).

Exemplarisch soll deshalb im Folgenden der Order-to-Cash Prozess genauer betrachtet und in ein Prozessmodell überführt werden.

6.1 Prozessablauf

Der Order-to-Cash Prozess ist ein operativer Geschäftsprozess, der den gesamten Bestell- bzw. Auftragsabwicklungsprozess abdeckt (Appelfeller & Feldmann, 2018, S. 84; Dumas et al., 2021, S. 2) und gleichzeitig „einer der wichtigsten betrieblichen Leistungsprozesse" ist (Hansen et al., 2019, S. 94). Er beginnt mit der Bestellung eines Produkts oder einer Dienstleistung durch einen Kunden und endet mit dem Erhalt der zugehörigen Zahlung. Dazwischen beschreibt er alle Prozessschritte, die „Aktivitäten wie die Bestellungsüberprüfung, die Lieferung oder Bereitstellung, die Rechnungsstellung, den Zahlungseingang und die Bestätigung" umfassen (Dumas et al., 2021, S. 2). Der erste Schritt besteht folglich im Eingang bzw. Erhalt einer Bestellung eines Kunden (Dumas et al., 2021, S. 86). Bevor diese weiter bearbeitet wird, werden die Bestelldaten überprüft (Freund & Rücker, 2019, S. 171) und der Kunde ggf. einer Bonitätsprüfung unterzogen (Gadatsch, 2020, S. 80). Am Beispiel einer Produktbestellung wird darauf aufbauend geprüft, ob der bestellte Artikel auf Lager ist. Falls dies der Fall ist, wird die Bestellung kommissioniert und direkt im Anschluss bestätigt (Dumas et al., 2021, S. 102). Mitunter erfolgt die Bestellbestätigung auch vor der Kommissionierung, wie dies z.B. Hansen et al. (2019, S. 94) beschreibt. Ist der gewünschte Artikel nicht auf Lager, wird die Bestellung abgewiesen und der Prozess endet vorzeitig (Dumas et al., 2021, S. 94). Gegebenenfalls ist es auch möglich, den bestellten Artikel anzufertigen, falls er nicht auf Lager ist. In diesem Fall muss die Bestellung nicht abgelehnt, sondern stattdessen die Verfügbarkeit von Werkstoffen geprüft und diese anschließend bei einem passenden Lieferanten bestellt werden, um damit den Artikel auftragsbezogen fertigen zu können (Dumas et al., 2021, S. 102). Im Anschluss an die Bestellbestätigung wird die Ware zunächst verpackt und versandfertig gemacht, bevor die Bestellung schließlich an den Kunden verschickt wird. Der Versand erfolgt bei der Bestellung physischer Produkte durch Übergabe an den Versanddienstleister (Hansen et al., 2019, S. 94). Mitunter werden in der Literatur im Zusammenhang mit der Bereitstellung und Lieferung der bestellten Artikel weitere Aufgaben wie das Erfragen der Lieferadresse (Dumas et al., 2021, S. 86) oder das Anlegen der Lieferung im System (Gadatsch, 2020, S. 80) genannt, auf die im Rahmen der vorliegenden Arbeit nicht näher eingegangen wird. Nachdem die Bestellung versandt wurde (Dumas et al., 2021, S. 86), wird schließlich die Rechnung erstellt und an den Kunden versandt (Dumas et al., 2021, S. 94; Hansen et al., 2019, S. 94–95). Sobald die Zahlung seitens des Kunden eingegangen und der Zahlungseingang verbucht wurde, wird die Bestellung archiviert. Damit ist der Prozess abgeschlossen (Dumas et al., 2021, S. 86).

Im Zuge der zunehmenden Prozessunterstützung durch IT-Systeme werden Aufgaben wie Bonitäts- und Verfügbarkeitsprüfung, Abgleich bzw. Abfrage der Lieferadresse sowie Versand der Bestellbestätigung und Rechnung häufig bereits automatisiert durchgeführt (Hansen et al., 2019, S. 94). Zudem sind in einen Geschäftsprozess meist verschiedene Parteien eingebunden, d.h. der Prozess erstreckt sich über Unternehmensgrenzen hinweg. Im Fall des Order-to-Cash Prozess sind dies in jedem Falle der Anbieter und der Kunde (Dumas et al., 2021, S. 113). Dazu kommen ggf. ein oder mehrere Lieferanten, eine Ratingagentur zur Überprüfung der Kreditwürdigkeit des Kunden sowie ein Logistikunternehmen für den Versand der bestellten Ware (Dumas et al., 2021, S. 113, 430; SAP SE, o. J.).

6.2 Prozessmodellierung

Wie bereits in Kapitel 2 angesprochen, werden Geschäftsprozesse im Sinne einer vollständigen und präzisen Prozessdokumentation auf der einen und zum Zweck des besseren Verständnisses auf der anderen Seite mit Hilfe von Modellen grafisch dargestellt (Dumas et al., 2021, S. 85; Schmelzer & Sesselmann, 2020, S. 16). Zusätzlich ist die Modellierung eines Geschäftsprozesses erforderlich, um die im Prozessverlauf abzuarbeitenden Aufgaben mit Unterstützung der IT ausführen zu können (Schmelzer & Sesselmann, 2020, S. 645).

6.2.1 Modellierungsmethode

Vor dem Hintergrund, dass die BPMN inzwischen als Standard für die Prozessmodellierung gilt (Dumas et al., 2021, S. 21), wird diese als Modellierungssprache für die Darstellung des Order-to-Cash Prozessmodells genutzt. Außerdem erlaubt die BPMN im Gegensatz zur eEPK die direkte IT-gestützte Ausführung der erstellten Geschäftsprozessmodelle (Freund & Rücker, 2019, S. 107; Leimeister, 2021, S. 215). In Zeiten der zunehmenden Prozessautomatisierung (Müller et al., 2021, S. 28) kommt diesem Umstand eine entscheidende Bedeutung zu, da viele Abläufe durch den Einsatz von IT sowohl effektiver als auch effizienter gestaltet werden können. Gleichzeitig wird dadurch eine „Integration von Geschäftsprozessen über Funktionsbereiche hinaus" möglich (Hansen et al., 2019, S. 94).

Dabei empfiehlt es sich, auch wenn nicht zwingend vorgeschrieben, die Start- und Endereignisse explizit zu modellieren, um den Prozessauslöser sowie das Prozessergebnis
leicht erkennbar darzustellen und entsprechend zu dokumentieren (Laue, 2021, S. 47).

6.2.2 Prozessmodell

Im Zuge der Prozessmodellierung wird ein Geschäftsprozess in einzelne, in dessen Ver-
lauf zu erledigende Aufgaben bzw. Tätigkeiten, die Prozessschritte, zerlegt (Gadatsch,
2020, S. 88, 90) Abbildung 5 zeigt dies anhand eines beispielhaften Prozessmodells für
den Order-to-Cash Prozess, wobei die einzelnen Schritte dem typischen Prozessablauf,
wie er im Fall der Bestellung von Produkten bzw. Waren gekennzeichnet ist, entspricht.
Im Fall der Bestellung einer Dienstleistung wird der Prozess mitunter anders ausgestaltet
sein.

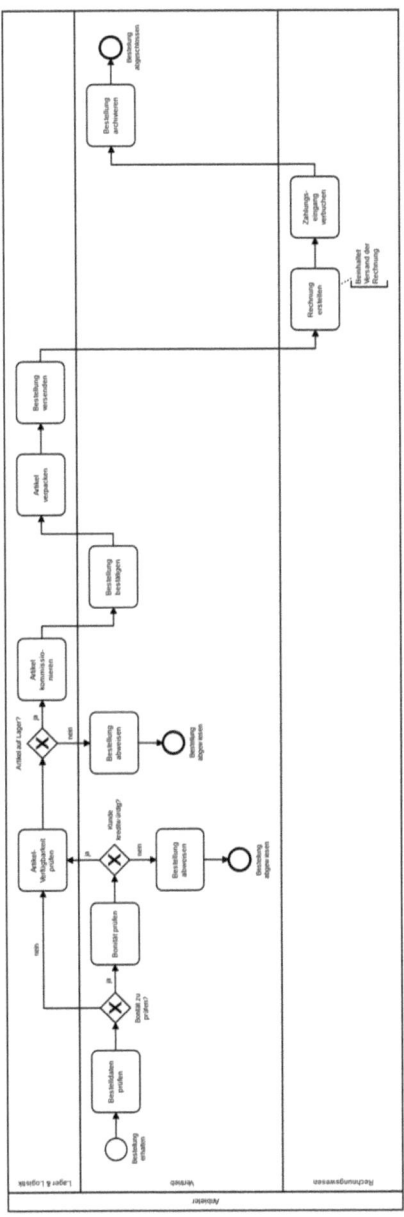

Abbildung 5: Prozessmodell für den Order-to-Cash Prozess (Darstellung mittels BPMN).
(Quelle: Eigene Darstellung in Anlehnung an Dumas et al., 2021, S. 86, 94; Freund & Rücker, 2019, S. 171, 173; Gadatsch, 2020, S. 80; Hansen et al., 2019, S. 95)

Die verschiedenen Lanes, die in Anlehnung an Dumas et al. (2021, S. 112), Klinski und Haller (2005, S. 52) und Oehler (2008, S. 364) definiert wurden, verdeutlichen die Zuständigkeiten für die jeweiligen Aufgaben innerhalb des Order-to-Cash Prozesses. So wird deutlich, dass hierbei neben dem Vertrieb auch Lager und Logistik sowie das Rechnungswesen maßgeblich beteiligt sind. Wird ein Teil der Aufgaben automatisiert durch ein ERP-System abgearbeitet, kann dieses als eigene untergeordnete, d.h. verschachtelte Lane dargestellt werden. In diesem Fall würde beispielsweise die Lane *Lager & Logistik* nochmals in *Lagerarbeiter* und *ERP-System* untergliedert (Dumas et al., 2021, S. 111–112). Die Bonität wird zumeist nur unter bestimmten Umständen geprüft. Dies kann z.B. der Fall sein, wenn ein Kunde erstmalig eine Bestellung tätigt oder der Bestellwert einen bestimmten Betrag übersteigt. Im Prozessmodell wird diese Bedingung allerdings niemals dargestellt, sondern lediglich ein XOR-Gateway modelliert, ob eine Bonitätsprüfung erfolgen soll oder nicht (Freund & Rücker, 2019, S. 171–173). Auf die Darstellung nur vereinzelt in der Literatur genannter Aufgaben wie das Erfragen der Lieferadresse (Dumas et al., 2021, S. 86) oder das Anlegen der Lieferung im System (Gadatsch, 2020, S. 80) wurde aus Gründen der Einfachheit und besseren Übersichtlichkeit bewusst verzichtet. Dagegen wurde die Aufgabe *Rechnung erstellen* über eine ungerichtete Assoziation mit einer Anmerkung verbunden, dass diese neben dem Erstellen auch den Versand der Rechnung beinhaltet, um die Nutzung von Artefakten beispielhaft darzustellen. Dumas et al. (2021, S. 107) nutzen dies analog im Zusammenhang mit der Aufgabe *Bestellung versenden*, indem sie eine Anmerkung ergänzen, dass die genannte Aufgabe auch die Verpackung beinhaltet. Das macht deutlich, dass es stets verschiedene Möglichkeiten der Prozessdarstellung gibt.

Alternativ zum in Abbildung 5 dargestellten Prozess können die Aufgabenbündel Artikel verpacken und Bestellung versenden sowie Rechnung erstellen und Zahlungseingang verbuchen auch gleichzeitig, d.h. parallel ausgeführt werden, da sie im Allgemeinen von unterschiedlichen Mitarbeitern bzw. Abteilungen verantwortet und umgesetzt werden. Aufgrund der Unabhängigkeit dieser Sequenzen können sie, wie in Anlage 1 dargestellt, „in einen Block zwischen einer UND-Verzweigung und einer UND-Zusammenführung" platziert werden (Dumas et al., 2021, S. 94). Zusätzlich ist es, wie bereits in Kapitel 6.1 erläutert, unter Umständen möglich, die bestellten Artikel im Falle fehlender Verfügbarkeit anzufertigen, um die Bestellung nicht vorzeitig ablehnen zu müssen. In diesem Fall muss das Prozessmodell des Order-to-Cash Prozesses um entsprechende Aufgaben wie das Bestellen der benötigten Werkstoffe erweitert werden (Dumas et al., 2021, S. 102). Anlage 2 zeigt hierzu beispielhaft ein entsprechendes Prozessmodell.

Sollen sämtliche am Geschäftsprozess beteiligten Parteien im Prozessmodell dargestellt werden, wird für jede Partei ein eigener Pool ergänzt (Dumas et al., 2021, S. 113). Diese Pools werden wiederum, wie in Abbildung 6 veranschaulicht, über Nachrichtenflüsse miteinander verbunden (Fleischmann et al., 2018, S. 93; Gadatsch, 2020, S. 128). Ein BPMN-Diagramm, das mehr als einen Pool umfasst, wird dabei als Kollaborations-diagramm bezeichnet. Da hiermit lediglich die Übergaben zwischen Anbieter, Kunde und Lieferant verdeutlicht werden sollen, werden die innerhalb des Kunden- bzw. Lieferanten-Pools ablaufenden Prozesse durch Zuklappen der entsprechenden Pools ausgeblendet (Dumas et al., 2021, S. 115, 207; Freund & Rücker, 2019, S. 99).

29

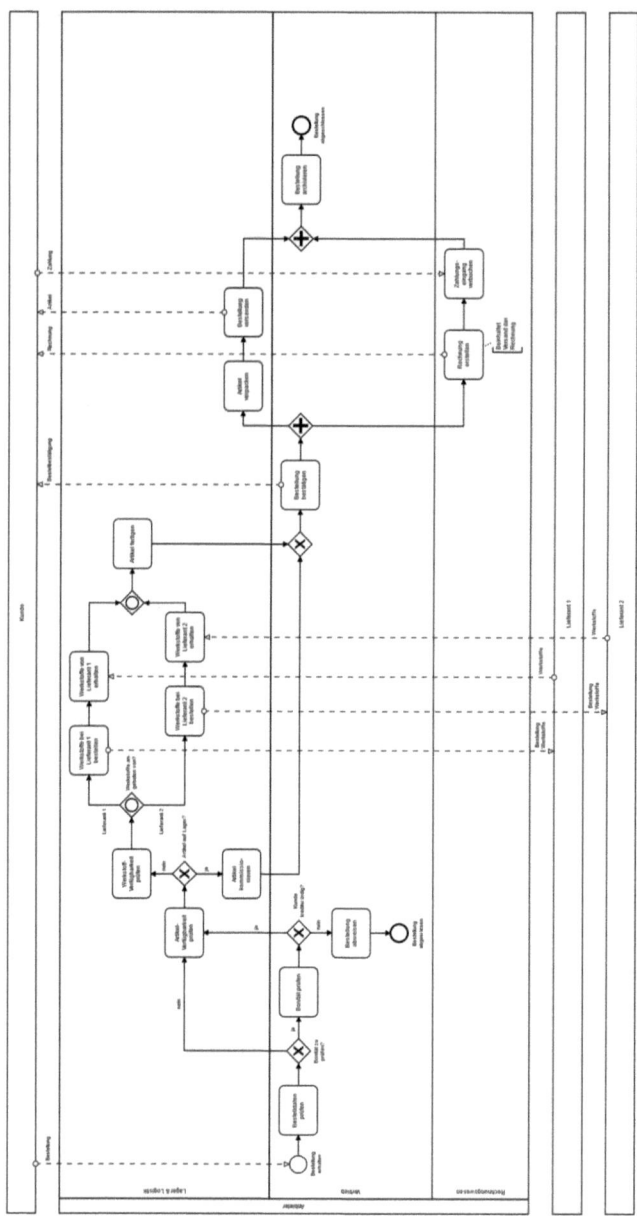

Abbildung 6: Kollaborationsdiagramm für den Order-to-Cash Prozess mit Übergaben zwischen Anbieter, Kunde und Lieferanten (Darstellung mittels BPMN). (Quelle: Eigene Darstellung in Anlehnung an Dumas et al., 2021, S. 114, 209; Freund & Rücker, 2019, S. 171, 173; Gadatsch, 2020, S. 80; Hansen et al., 2019, S. 95)

Der Einfachheit halber wurden hierbei lediglich der Kunde und die beiden zur Auswahl stehenden Lieferanten in Form von zusätzlichen Pools berücksichtigt. Je nach konkreter Ausgestaltung des Order-to-Cash Prozesses im Unternehmen müssten ggf. weitere Pools für die Ratingagentur zur Beurteilung der Bonität sowie ein Logistikdienstleister zum physischen Transport der bestellten Ware zum Kunden ergänzt werden.

Schließlich könnte der modellierte Order-to-Cash Prozess bei Bedarf über die abzuarbeitenden Aufgaben hinaus um Datenobjekte und Datenspeicher ergänzt werden, um z.B. das Lager zur Überprüfung der Artikelverfügbarkeit oder Dokumente wie die Rechnung zu integrieren (Dumas et al., 2021, S. 106–107). Da die Abbildung von Daten jedoch nicht im Fokus der BPMN steht (Freund & Rücker, 2019, S. 100), wird hierauf im Rahmen der vorliegenden Arbeit verzichtet. Ein entsprechendes Beispiel, das die Integration von Daten in das Modell des Order-to-Cash Prozess veranschaulicht, findet sich z.B. bei Dumas et al. (2021, S. 107 bzw. 112). Ein komplettes Kollaborationsdiagramm, das neben den Daten auch die verschiedenen Pools sowie deren Kommunikation in Form von Nachrichtenflüssen berücksichtigt, zeigt ebenfalls Dumas et al. (2021, S. 114).

7 Diskussion

Im Rahmen der vorliegenden Arbeit wurden die beiden Modellierungsmethoden eEPK und BPMN ausführlich erläutert. Um deren Relevanz besser einordnen zu können, wurden vorab die Grundlagen der Geschäftsprozessmodellierung und des GPM im Allgemeinen beschrieben. Da es sich hierbei lediglich um erforderliches Hintergrundwissen für ein besseres Verständnis der darauf aufbauend dargestellten Modellierungssprachen handelt, wurden die Ausführungen hierzu bewusst knapp gehalten. In Bezug auf die BPMN wurden darüber hinaus lediglich die grundlegenden Notationselemente aufgeführt und deren Zusammenhänge in Form von Syntaxregeln dargelegt. Eine Darstellung aller über 100 Symbole erscheint in diesem Zusammenhang weder sinnvoll noch notwendig, da hieraus auch in der Praxis im Allgemeinen eine unternehmensspezifische Auswahl erfolgt (Gadatsch, 2020, S. 140). Die Gegenüberstellung von eEPK und BPMN erhebt dabei ebenfalls keinen Anspruch auf Vollständigkeit. Das Ziel bestand vielmehr darin, die wichtigsten Aspekte herauszuarbeiten, um einerseits die Eignungsschwerpunkte der jeweiligen Modellierungssprache einschätzen zu können sowie andererseits die methodenspezifischen Modellierungsgrundlagen zu verstehen und praktisch anwenden zu können.

Auf der Grundlage der theoretischen Darstellung von eEPK und BPMN wurde mit dem Order-to-Cash Prozess exemplarisch einer der für Unternehmen wichtigsten Geschäftsprozesse (Hansen et al., 2019, S. 94) modelliert. Die praktische Umsetzung mittels BPMN umfasst dabei verschiedene Szenarien mit dem Ziel, die unterschiedlichen Modellierungsmöglichkeiten hinsichtlich parallel verlaufender Prozesspfade, Erweiterungsoptionen, wie sie z.B. durch die auftragsbezogene Fertigung der bestellten Artikel vorliegen, und Schnittstellen zu unternehmensexternen Parteien zu verdeutlichen. Auf die hinsichtlich der Komplexitätsreduktion bedeutsame Möglichkeit zur Modellierung von Teilprozessen (Dumas et al., 2021, S. 117; Pufahl, 2021, S. 52) wurde hingegen nicht im Detail eingegangen, da dies den Rahmen der vorliegenden Arbeit sprengen würde. Hierzu sei auf das in Dumas et al. (2021, S. 118) dargestellte Beispielmodell verwiesen. Ebenso wurde auf die Integration von Datenobjekten bzw. -speichern verzichtet, da deren Darstellung in der BPMN im Hintergrund steht (Freund & Rücker, 2019, S. 100). Bezüglich der in Form verschiedener Lanes dargestellten Verantwortlichkeiten für die einzelnen Prozessaufgaben ist die Modellierung möglicherweise nicht ganz passgenau. Dies liegt daran, dass die Zuständigkeiten in Abhängigkeit von den konkreten Unternehmensstrukturen abweichen können und dementsprechend in der Praxis unternehmensspezifisch angepasst und ausgerichtet werden müssen.

Insgesamt scheint die Nutzung der eEPK zur Modellierung von Geschäftsprozessen insbesondere im Rahmen moderner GPM-Projekte nicht mehr zeitgemäß zu sein. Dies liegt in erster Linie daran, dass die Modellierungssprache „für eine Prozessmodellierung im Kontext der Prozessautomatisierung vergleichsweise ungeeignet ist" (Freund & Rücker, 2019, S. 107). Die Transformation von Prozessmodellen, die mittels eEPK modelliert wurden, in unmittelbar für die IT-gestützte Ausführung geeignete BPMN-Prozessmodelle ist dabei mit Hilfe der meisten üblichen GPM-Tools relativ einfach möglich (Freund & Rücker, 2019, S. 105; Schmelzer & Sesselmann, 2020, S. 649). Die Notwendigkeit der Eignung von Geschäftsprozessmodellen für die Prozessautomatisierung ergibt sich in diesem Zusammenhang in erster Linie aus der zunehmenden Digitalisierung der Wertschöpfung (Fleischmann et al., 2018, S. 10). So sind insbesondere auch Geschäftsprozesse Gegenstand der Digitalisierung, d.h. der „informationstechnischen Unterstützung der Prozessausführung" (Fleischmann et al., 2018, S. 16).

Am Beispiel des in Kapitel 6 betrachteten Order-to-Cash Prozesses wird die Bedeutung einer optimalen IT-Unterstützung von Geschäftsprozessen ebenfalls deutlich. Dadurch dass er von den meisten ERP-Systemen komplett abgebildet wird (Appelfeller & Feldmann, 2018, S. 84), können zumindest einige Prozessschritte in vielen Fällen komplett automatisiert umgesetzt werden. So wird im Zuge der Prozessautomatisierung jede eingehende Bestellung automatisch an das ERP-System der Lager- bzw. Logistikabteilung gesendet, wo die Verfügbarkeit des betreffenden Artikels mit Hilfe einer Datenbank, d.h. automatisiert überprüft wird (Dumas et al., 2021, S. 400). Genauso laufen Aufgaben wie das Bestellen von Werkstoffen für die Fertigung des benötigten Artikels, das Erfragen der Lieferadresse oder das Versenden der Bestellbestätigung über automatische E-Mail-Kommunikation oder automatisierte Webservice-Aufrufe ab (Dumas et al., 2021, S. 434–436). Gleiches gilt für den Procure-to-Pay Prozess, der sozusagen das Gegenstück zum Order-to-Cash Prozess darstellt (Dumas et al., 2021, S. 2). Durch den Einsatz von IT werden damit „Abläufe möglich, die in vielfältiger Weise effektiver und effizienter sein können" (Hansen et al., 2019, S. 94). Effiziente Prozesse tragen wiederum wesentlich zur Produktivität von Unternehmen bei (Schmelzer & Sesselmann, 2020, S. 10). Dies geht soweit, dass sich Unternehmen über besser definierte und gleichzeitig besser ausgeführte Geschäftsprozesse einen Wettbewerbsvorteil verschaffen können (Dumas et al., 2021, S. 3). Von zentraler Bedeutung ist in diesem Zusammenhang jedoch, dass sowohl die Prozesse fortlaufend optimiert als auch die IT-Systeme bzw. deren Konfiguration kontinuierlich an die neu gestalteten Geschäftsprozesse angepasst werden (Dumas et al., 2021, S. 25; Fleischmann et al., 2018, S. 2).

Gerade auch im Zusammenhang mit der Digitalisierung von Geschäftsprozessen ist folglich die richtige Auswahl und konsequente Einführung von IT-Systemen von elementarer Bedeutung (Appelfeller & Feldmann, 2018, S. 8). Dabei spielen insbesondere Systeme für das ERP eine große Rolle, die unmittelbar der IT-Unterstützung von Geschäftsprozessen dienen (Allweyer, 2005, S. 356). Derartige ERP-Systeme bieten „vorgefertigte Geschäftsprozesse für prinzipiell alle Funktionsbereiche eines Unternehmens" und helfen durch die Integration von funktionsbereichsübergreifenden Abläufen, „mehrfache Datenhaltung zu vermeiden und Ressourcen im Unternehmen ganzheitlich zu verwalten." (Janiesch, 2021, S. 154). Dabei zählen der in Kapitel 6 beschriebene Order-to-Cash Prozess als Bestellprozess sowie der gleichermaßen bedeutsame Procure-to-Pay Prozess als Beschaffungsprozess zu den wichtigsten Prozessen, die von den meisten ERP-Systemen vollständig abgedeckt werden (Dumas et al., 2021, S. 401). Müller et al. (2021, S. 28) weisen zudem darauf hin, dass sich das GPM im Zusammenhang mit der zunehmenden Prozessautomatisierung und digitalen Prozessgestaltung konsequent weiterentwickeln muss. Demnach sollte die IT nicht nur als „Enabler definierter Soll-Prozesse" angesehen werden, sondern darüber hinaus als eigenständige Möglichkeit zur Prozessgestaltung eingesetzt werden (Müller et al., 2021, S. 28).

Anlagen

Anlage 1:   **Prozessmodell für den Order-to-Cash Prozess mit parallelen Prozesspfaden** [1]

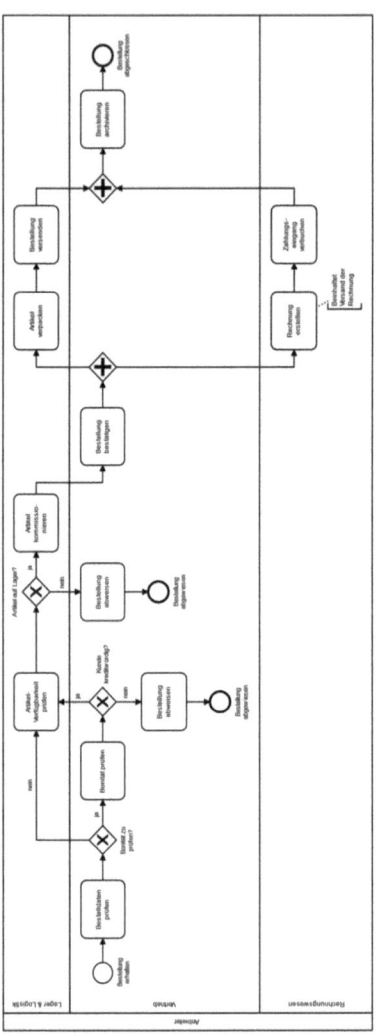

(Quelle: Eigene Darstellung in Anlehnung an Dumas et al., 2021, S. 94; Freund & Rücker, 2019, S. 171, 173; Gadatsch, 2020, S. 80; Hansen et al., 2019, S. 95)

---

[1] Die Modellierung erfolgt analog zu den Abbildungen 5 und 6 mittels BPMN.

Anlage 2: **Prozessmodell für den Order-to-Cash Prozess inklusive Fertigung der bestellten Artikel** [2]

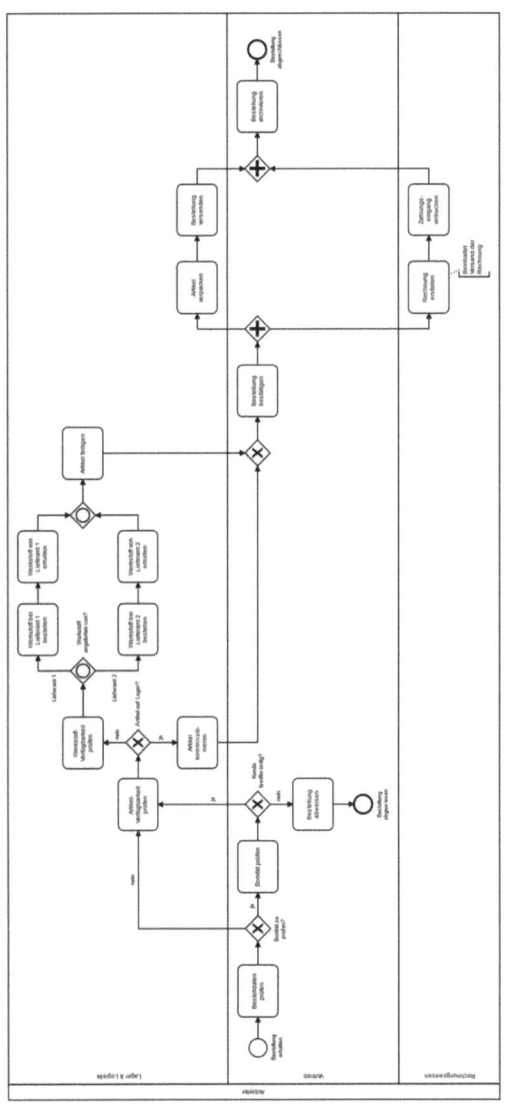

(Quelle: Eigene Darstellung in Anlehnung an Dumas et al., 2021, S. 102; Freund & Rücker, 2019, S. 171, 173; Gadatsch, 2020, S. 80; Hansen et al., 2019, S. 95)

---

[2] Die Modellierung erfolgt analog zu den Abbildungen 5 und 6 mittels BPMN.

Literaturverzeichnis

Allweyer, T. (2005). *Geschäftsprozessmanagement. Strategie, Entwurf, Implementierung, Controlling* (IT lernen). Herdecke, Bochum: W3L-Verlag.

Appelfeller, W. & Feldmann, C. (2018). *Die digitale Transformation des Unternehmens. Systematischer Leitfaden mit zehn Elementen zur Strukturierung und Reifegradmessung.* Berlin: Springer Gabler. https://doi.org/10.1007/978-3-662-54061-9

Bächle, M. A., Daurer, S. & Kolb, A. (2021). *Einführung in die Wirtschaftsinformatik. Ein fallstudienbasiertes Lehrbuch* (5., aktualisierte und erweiterte Auflage). Berlin, Boston: De Gruyter Oldenbourg. https://doi.org/10.1515/9783110722260

Dumas, M., La Rosa, M., Mendling, J. & Reijers, H. A. (2021). *Grundlagen des Geschäftsprozessmanagements. Übersetzt von Thomas Grisold, Steven Groß, Jan Mendling, Bastian Wurm.* Berlin: Springer Vieweg.

Fleischmann, A., Oppl, S., Schmidt, W. & Stary, C. (2018). *Ganzheitliche Digitalisierung von Prozessen. Perspektivenwechsel - Design Thinking - Wertegeleitete Interaktion.* Wiesbaden: Springer Vieweg. https://doi.org/10.1007/978-3-658-22648-0

Freund, J. & Rücker, B. (2019). *Praxishandbuch BPMN. Mit Einführung in DMN* (6., aktualisierte Auflage). München: Hanser.

Gadatsch, A. (2020). *Grundkurs Geschäftsprozess-Management. Analyse, Modellierung, Optimierung und Controlling von Prozessen* (Lehrbuch, 9., aktualisierte und erweiterte Auflage). Wiesbaden: Springer Vieweg. https://doi.org/10.1007/978-3-658-27812-0

Hansen, H. R., Mendling, J. & Neumann, G. (2019). *Wirtschaftsinformatik. Grundlagen und Anwendungen* (De Gruyter Studium, 12. völlig neu bearbeitete Auflage). Berlin, Boston: De Gruyter. https://doi.org/10.1515/9783110608731

Janiesch, C. (2021). Geschäftsprozessmanagementsysteme und Robotic Process Automation. In R. Laue, A. Koschmider & D. Fahland (Hrsg.), *Prozessmanagement und Process-Mining. Grundlagen* (De Gruyter Studium, S. 153–164). Berlin, Boston: De Gruyter.

Klinski, S. von & Haller, S. (2005). *Die unsichtbare Hand im Unternehmen. Mit Serviceorientierten Unternehmensstrukturen die Performance steigern und wettbewerbsfähig bleiben* (1. Auflage). Wiesbaden: Gabler. https://doi.org/10.1007/978-3-322-86905-0

Koschmider, A. (2021). Grundlagen. In R. Laue, A. Koschmider & D. Fahland (Hrsg.), *Prozessmanagement und Process-Mining. Grundlagen* (De Gruyter Studium, S. 1–12). Berlin, Boston: De Gruyter.

Laue, R. (2021). Ereignisgesteuerte Prozessketten. In R. Laue, A. Koschmider & D. Fahland (Hrsg.), *Prozessmanagement und Process-Mining. Grundlagen* (De Gruyter Studium, S. 31–48). Berlin, Boston: De Gruyter.

Leimeister, J. M. (2021). *Einführung in die Wirtschaftsinformatik* (Lehrbuch, 13., aktualisierte und überarbeitete Auflage). Berlin: Springer Gabler. https://doi.org/10.1007/978-3-662-63560-5

Leopold, H. (2021). Modellierungsrichtlinien. In R. Laue, A. Koschmider & D. Fahland (Hrsg.), *Prozessmanagement und Process-Mining. Grundlagen* (De Gruyter Studium, S. 69–80). Berlin, Boston: De Gruyter.

Müller, A., Schröder, H. & Thienen, L. von. (2021). *Digineering. Business Process Management im digitalen Zeitalter*. Berlin: Springer Vieweg. https://doi.org/10.1007/978-3-662-63592-6

Oehler, K. (2008). Informationstechnologie für das Management von Operations – State of the Art. In R. Gleich & R. Sauter (Hrsg.), *Operational Excellence. Innovative Ansätze und Best Practices in der produzierenden Industrie* (1. Auflage, S. 353–374). München: Rudolf Haufe Verlag GmbH & Co. KG.

Pufahl, L. (2021). Business Process Model and Notation. In R. Laue, A. Koschmider & D. Fahland (Hrsg.), *Prozessmanagement und Process-Mining. Grundlagen* (De Gruyter Studium, S. 49–68). Berlin, Boston: De Gruyter.

Rosemann, M., Schwegmann, A. & Delfmann, P. (2012). Vorbereitung der Prozessmodellierung. In J. Becker, M. Kugeler & M. Rosemann (Hrsg.), *Prozessmanagement. Ein Leitfaden zur prozessorientierten Organisationsgestaltung* (7., korrigierte und erweiterte Auflage, S. 47–111). Berlin, Heidelberg: Springer Gabler. https://doi.org/10.1007/978-3-642-33844-1_3

Schmelzer, H. J. & Sesselmann, W. (2020). *Geschäftsprozessmanagement in der Praxis. Kunden zufriedenstellen, Produktivität steigern, Wert erhöhen* (9., vollständig überarbeitete Auflage). München: Hanser. https://doi.org/10.3139/9783446467095

Schwarz, L., Neumann, T. & Teich, T. (2018). *Geschäftsprozesse praxisorientiert modellieren. Handbuch zur Reduzierung der Komplexität*. Berlin: Springer Gabler. https://doi.org/10.1007/978-3-662-54212-5

Internetquellenverzeichnis

International Organization for Standardization (2013). *ISO/IEC 19510:2013. Information technology – Object Management Group Business Process Model and Notation.* Zugriff am 12.06.2022. Verfügbar unter: https://www.iso.org/standard/62652.html

SAP SE (o. J.). *Signavio O2C Order & Sales Management neu gedacht. Signavio Order-to-Cash: Spüren Sie den Beat der digitalen Transformation!* Zugriff am 20.06.2022. Verfügbar unter: https://www.signavio.com/de/order-to-cash-prozess/